GUILLAUME LE DOYEN

GUILLAUME LE DOYEN.

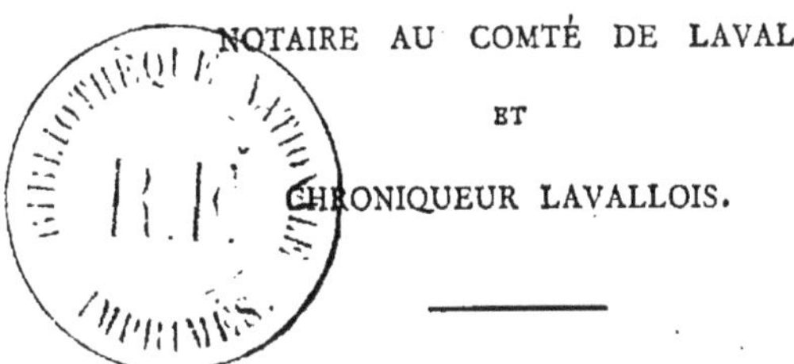

NOTAIRE AU COMTÉ DE LAVAL

ET

CHRONIQUEUR LAVALLOIS.

NOTICE BIOGRAPHIQUE

Extraite de documents contemporains
& inédits.

SE VEND A LAVAL

Chez AUGUSTE GOUPIL, libraire

BASSE GRAND'RUE.

1882

IMPRIMÉ A 200 EXEMPLAIRES

Dont 15 sur papier de Hollande.

N°

AVANT-PROPOS

Des auteurs étrangers à notre Province ont bien voulu s'occuper de la chronique rimée de Guillaume le Doyen, et indépendamment de l'intérêt spécial qu'elle a pour nous, lui attribuer une importance véritable au point de vue de l'Histoire générale.

On lui a su gré d'avoir précisé avec plus d'exactitude quelques dates, et fait connaître des détails curieux sur les évènements contemporains, en particulier sur la conquête de la Bretagne.

Tous ont reconnu, dans ses descriptions peu littéraires, un tableau pittoresque de la vie bourgeoise, populaire même, dans une ville de province, à une époque reculée et caractéristique.

Et ce portrait a paru d'autant plus frappant de ressemblance, que l'auteur n'avait pas l'intention de le faire; qu'il l'a tracé en reflétant simplement ce qu'il voyait, exprimant naïvement ce qu'il sentait, et le traduisant, vaille que vaille, dans ses rimes.

On avoue que littérairement cela est pauvre, mais peu inférieur aux productions semblables d'auteurs du même âge. Guillaume le Doyen peut donc faire honneur à ses concitoyens même devant les étrangers.

Mais s'il y a çà et là seulement dans son œuvre des détails d'un intérêt général, il n'y a pas un vers qui ne soit précieux pour nos chroniques locales.

Après cela, on peut être surpris qu'un semblable *journal* ait été accueilli, à sa publication, avec aussi peu de sympathie.

Présenté au public par un auteur, un amateur, un savant dont le nom était une garantie, et la meilleure des réclames ;

Enrichi de notes qui seules sont un ouvrage précieux, et un vrai trésor historique pour notre pays de Laval;

Recommandé par plus de cent souscripteurs, dont beaucoup faisaient et feront autorité dans ce genre d'études, dont bon nombre même sont étrangers au pays;

Ce *journal* qui, année par année, mois par mois, relate tous les faits et gestes de nos bons aïeux, pendant plus d'un demi-siècle, fut tiré à trois cent soixante-quinze exemplaires, en notable partie souscrits d'avance.

Or, l'édition était loin d'être épuisée vingt ans après sa publication.

Beaucoup d'exemplaires même sont rentrés en circulation par une voie peu flatteuse.

Vraiment, ceux qui ne nous connaissent pas croiront, ou que nous sommes bien riches en documents semblables, pour en négliger un si curieux, ou que nous sommes bien indifférents pour nos traditions particulières et pour les écrits qui nous les conservent.

En bonne connaissance de cause, on inclinera pour la seconde supposition.

Vraiment encore, le bon notaire-chroniqueur,

revenant parmi nous, trouverait ses arrière-neveux moins curieux de le lire, que ses contemporains ne l'étaient de l'entendre, quand il les récréait par les interminables représentations de *mystères*, dont il était souvent à la fois auteur et acteur.

L'incorrection, l'obscurité de son style lui ont sans doute en partie attiré cette défaveur du public. C'est une explication, mais non une excuse.

Celui qui voudra surmonter cette première difficulté, répugnance si l'on veut, et qui affrontera cette lecture trop héroïque pour beaucoup, vivra plus réellement de la vie de cette époque, que s'il en recherchait dans des ouvrages plus châtiés et récents, la peinture étudiée et moins sincère.

La présente notice s'adresse surtout aux concitoyens de notre vieux chroniqueur. C'est pour eux qu'elle peut prétendre ajouter quelque intérêt à ses écrits. Puisse seulement le Doyen, qui était jusqu'ici un inconnu, c'est-à-dire presque un anonyme, en se révélant à nous dans quelques détails de sa modeste existence, nous devenir plus sympathique.

Ce serait un commencement de réparation, et il y a droit.

Cette réparation serait plus complète, si l'opinion publique réclamait une seconde édition de son œuvre, plus soigneusement collationnée à l'original; et si une plume autorisée se chargeait de ce travail en y joignant de nouvelles annotations. Les éléments s'en trouveraient facilement dans les découvertes faites depuis la publication très précieuse de M. la Beaulière.

Tableau généalogique de la famille Le Doyen

Jehan Le Doyen
époux de
Marguerite

- Jehan, époux de Gillotte
  - Jehan
  - Perrine, épouse de Jehan Cosnard
- Pierre, époux de Jehanne
  - Guillaume, époux de Jehanne
  - Roberde, épouse de P. Largerie
    - André
    - Guillemine, épouse de P. Ernoul
  - Guillemine, épouse de A. Girard
  - Jehanne, épouse de R. Arondeau
- Jamet, époux de Marie
  - Marie, épouse de R. Cosnard
    - Jehan, époux de P. Le Doyen
    - Barbes

GUILLAUME LE DOYEN

LIEU DE SA NAISSANCE ; SA FAMILLE.

Le fief du Manoir Ouvrouin, où naquit Guillaume le Doyen, comprenait au XVe siècle le territoire limité par la rue de Paradis, dite aussi rue du Manoir, la rue du Hameau, la ruelle des Cousineries, qui, coupée maintenant par le boulevard de Tours, passait alors au-delà du Cimetière-Dieu de Saint-Michel, enfin par la rue de Saint-Michel. Il n'y avait à appartenir au Manoir qu'un côté de ces différentes rues, et c'est à cette époque seulement qu'elles furent bordées de constructions et qu'elles prirent l'aspect et le nom de *rues*, car jusqu'à la fin de ce siècle on disait dans le langage ordinaire : le chemin tendant du Puits-Rocher à la Croix-au-Bidault, de la Croix-au-Bidault au Cimetière-Dieu ou à Saint-Melaine, du Puits-Rocher à la Chapelle d'Anthenaise.

Jehan le Doyen.

Avant Guillaume et depuis deux générations déjà, la famille le Doyen habitait dans la rue de Paradis une maison dépendant du Manoir. Jehan le Doyen, grand père de notre chroniqueur, le premier qui nous soit connu, y reçut de messire Jehan Auvé, seigneur du Manoir, et de dame Jacqueline de la Jaille son épouse, une concession de terrain. Ces libéralités, connues sous le nom de *prinse, baillées, excroissance,* étaient faites à la charge d'une redevance annuelle en argent ou en nature, et aussi le plus souvent à la condition de construire une maison sur les terres ainsi accordées. C'est là peut-être ce qui fixa le chef de la famille le Doyen dans cette partie de la paroisse de Saint-Melaine, qui allait bientôt devenir celle de Saint-Vénérand. Des dons de même nature furent faits à plusieurs membres de cette famille et à d'autres habitants du fief, qui s'y établissaient ou qui désiraient y étendre leurs propriétés. Il en sera question dans la suite.

Jehan le Doyen, dont on ne connaît pas la profession, avait fait édifier sur l'emplacement à lui concédé une maison, qui devint plus tard par héritage la propriété de son petit-fils Guillaume. Il dut mourir vers 1470. Sa femme se nommait Marguerite. Devenue veuve elle épousa en secondes noces Michel Ricoul, qui, de ce chef, eut part à la succession de Jehan le Doyen. Elle était remariée en 1472 et vivait encore en 1499. On ne saurait affirmer avec certitude qu'elle fut la mère des enfants de Jehan le Doyen, elle n'est nulle part désignée comme telle.

Jehan le Doyen eut trois enfants : Jehan, Pierre ou Perrot et Jamet.

Jehan le Doyen.

Il figure comme témoin avec Perrot le Doyen, en 1477, dans un contrat entre Jamet le Doyen, leur frère, et Guillaume le Breton. On peut le supposer l'aîné, son nom étant le premier cité. Il se retrouve mentionné le 21 mai 1515, en tête de tous les membres de la famille, dans un autre contrat, en vertu duquel Jehan Bernier se portait acquéreur, au prix de treize livres tournois, d'une maison située rue du Manoir, et dans laquelle demeurait, « au temps de son trépas, feu Jamet le Doyen. » Sa femme se nommait Gillotte. Les documents cités plus loin semblent indiquer qu'ils eurent pour enfants : Jehan le Doyen, que nous verrons plus tard notaire royal de la Cour du Bourgnouvel, et Perrine, épouse de Jehan Cosnard. Rien n'indique la date exacte de la mort de Jehan le Doyen, peut-être n'habita-t-il point dans le fief du Manoir ; on expliquerait ainsi qu'il ne soit compris dans aucune des concessions faites à ses frères.

Pierre le Doyen.

Pierre ou Perrot le Doyen, père de notre auteur, semble le second des fils de Jehan ; il épousa Jehanne N., avant 1468, d'après un acte daté de cette époque. Outre la part qui lui revint de l'héritage paternel, il eut plusieurs baillées de terre dans le fief du Manoir ; les unes en son nom personnel, les autres en commun avec son frère Jamet et Michel Ricoul, comme il ressort des pièces suivantes.

« Saichent tous préſens & avenir que en noſtre court de Laval en droit par devant nous perſonnellement eſtabliz Guillaume Hubert procureur et receveur de noble homme Jehan Auvé, eſcuier, ſeigneur de Genetay & du Manoir Ouvrouyn d'une part, & Pierre-le-Doyen & Jehanne ſa femme, Michel Ricoul & Marguerite ſa femme, & Jamet le Doyen & Marie ſa femme,..... ſoubmettant..... confeſſent de leurs bons grés & pures volontez ſans aucun pourforcement avoir fait les marchez & contractz tels comme cy-après s'enſuit. C'eſt à ſavoir ledit Hubert comme procureur dudit Jehan Auvé & de Jacqueline ſon eſpouſe, au nom d'eux a baillé, octroyé .. aux deſſus dits les Doyens & Ricoul & à leurs femmes & leurs hers ou aians cauſe à toujourmés perpétuellement par héritaige, à rente, certaine porcion de courtil, joignant d'un couſté aux murs dudit lieu du Manoir, d'autre couſté à la terre dudit ſeigneur; abutant d'un bout aux courtilz deſdits preneurs & de Pierre Chardon, & d'autre bout au courtil & verger de Pierre Freſlon. Et laquelle porcion de courtil baillée leſdits preneurs ont diviſée & partagée entre eux tiers à tiers, comme ils nous ont relaté de bouche; & prend chacun ſon tiers au droit de ſoy..... pour le prix & ſomme de dix ſolz tourn. de rente au terme de l'Angevine; chacun trois ſ. quatre deniers, & chacun d'eux un boiſſeau de ſeigle.... commençant à l'Angevine prochaine que l'on dira 1472. Donné le tiers jour d'avril avant Paſques. »

Un aveu de 1478 rendu par Pierre Le Doyen comprend une maison et un jardin, pour lequel il doit également III s. IV d. et un boisseau de seigle. Enfin l'aveu suivant, qui est de 1490, montre que dans l'intervalle, de nouvelles acquisitions avaient augmenté les propriétés de Pierre Le Doyen. Ce dernier aveu est signé Guillaume Le Doyen, ou plutôt, suivant son habitude constante, G. Doyen avec la mention : *à la requeſte dudit Le Doyen*, qui indique une sorte de procuration donnée par le père à son fils.

« Pierre Le Doyen ſ'eſt aujourd'hui advoué nouſtre ſubject en nuèce par raiſon d'une maiſon & jardrins ſis en la rue du Manoir & de Paradis, joignant d'un couſté à la maiſon (feu, rayé) Michel Ricoul qui fut autreffoiz à feu Jehan Le Doyen ſon père, & aux jardrins d'icelle, & d'autre couſté au jardrin Jehan Tertroux qui fut à Pierre Chardon & aux jardrins feu Philipot Gannier &

de la veufve feu Yvon Lamy; abutant d'un bout à ladite rue tendant à La Croix au Bidault & d'autre bout aux jardrins à la veufve feu Pierre Freuslon. Par raison desquelles choses il a confessé devoir à Monseigneur par chacun an au terme & feste de Pasques, la somme de quinze s. pour la première prinse; & ung bouéceau de seigle & trois s. quatre den. au terme & feste de l'Angevine pour la darrenière baillée. »

On verra plus loin comment, en 1497, dans le partage de ses biens, Pierre le Doyen fit à Guillaume son fils quelques avantages sur ses sœurs, à condition qu'il se chargerait de le nourrir et entretenir le demeurant de sa vie.

Le même contrat nous apprend que Pierre le Doyen eut quatre enfants : 1° Guillaume; — 2° Roberde, épouse de Pierre Largerie, ils eurent pour enfants Guillemine, femme de Pierre Ernoul et André; — 3° Guillemine, épouse de André Girard, elle était veuve en 1517; — 4° Jehanne, épouse de Robin Arondeau, veuve, elle aussi, en 1513. Ces deux dernières n'eurent pas d'enfants.

Pierre le Doyen vivait encore en 1500; du moins l'exhibition du contrat de partage de ses biens, qui eut lieu en cette année, ne fait pas mention de sa mort.

Jamet le Doyen

Jamet le Doyen était le plus jeune des trois frères.

Il semble qu'il exerça un métier d'artisan, car une partie de sa maison devint après lui l'atelier d'un menuisier. Sa femme se nommait Marie; leur mariage est antérieur à l'année 1468.

A cette date, il eut une concession personnelle d'un emplacement pour bâtir une maison dans le fief du manoir. En voici le texte :

« Saichent tous..... que... noble homme Jehan Auvé..... confeſſe de ſa bonne & franche volonté, ſans aucun pourforcement, avoir aujourd'hui baillé, quicté, cédé et tranſporté... dès à préſent à toujourſmés, perpétuellement, par héritaige, à rente, à Jamet le Doyen & à Marie ſa femme, paroiſſiens de Saint-Melaine & à leurs hers & aians cauſe d'eulx les choſes héritaux qui enſuivent : C'eſt aſſavoir, une place à faire maiſon et jardin ſituée en ladite paroiſſe de Saint-Melaine en la rue de Paradis, contenant icelle place vignt ung piez & demy de laize par le bout devers la rue & douze piez par l'autre bout, avecques ung petit coing de terre tendant du parfait de celuy nombre juſques à la tourelle du portal du Manoir & au lis d'un pan de mur qui par le bout du haut joint a ladite tourelle; joignant icelles chouſes & abutant d'un bout aux terres du Manoir, ung fouſſé par le bout du haut entre-deux qui appartient & demeure au dit eſcuier, d'autre couſté à la maiſon & courtil que Michel Ricoul tient de préſent, & d'autre bout à ladite rue de Paradis.... Cette préſente baillée faicte pour le pris & ſomme de dix-ſept ſolz ſix deniers tourn. de rente annuelle, rendable & payable deſdits preneurs, de leurs hers et aians cauſe audit eſcuier à ſes hers ou à ceux qui caufe auront de lui, à toujourfmés dorefnavant par chacun an au terme de Pafques.... & en ce contract iceulx preneurs ou qui caufe aura d'eulx feront tenuz édiffier ou faire édiffier en ladite place une maifon bonne & compétente dedans fix ans prochain venans..... Préfens ad ce Messire Guillaume Ferrant preftre, Pierre de Cheze efcuier, Pierre le Doyen & autres; ce fut donné & fait le vignt ungnieme jour de feptembre l'an mil cccc foixante & huit...

On a vu à l'article précédent une autre concession où Jamet le Doyen était compris pour un tiers.

Le 27 octobre 1477 « ès préfence de Jehan et Perrot les Doyens » Jamet et Marie sa femme sont désignés comme ayant fait autrefois transport à Guillaume le Breton et à Michelle sa femme, d'une maison et jardin sis près le Manoir Ouvrouin.

Jamet était mort en 1510. A cette date Robert Cosnard fait « exhibition du contrat en vertu duquel il eft entré en poffeffion d'une maifon fife en la rue de Paradis qui fuft feu Jamet le Doyen. » Cette maison se nommait la *Croix-Blanche*, d'après une déclaration semblable à la précédente, faite par Gervaise le Texier, menuisier, pour une moitié divisée de la même maison, le 28 mai 1512.

D'après des conjectures assez plausibles, Jamet le Doyen et Marie auraient eu de leur mariage une fille nommée aussi Marie qui épousa Robert Cosnard, d'où Barbes Cosnard et Jehan Cosnard, époux de Perrine le Doyen.

Parmi les auteurs qui se sont occupés de lui, chacun a eu sa manière d'orthographier le nom de Guillaume le Doyen. MM. de Certain et Hauréau écrivent Ledoyen, M. la Beauluère, le Doyen, M. de Villiers G. Doyen, fondé sur ce que notre notaire-chroniqueur signe toujours ainsi. Il est vrai que sur un grand nombre de signatures autographes trouvées au bas des actes d'où cette notice est extraite, on ne rencontre qu'une seule fois *Ledoyen*. Mais chaque fois qu'il est fait mention d'un membre de cette famille dans les actes de l'époque, c'est toujours sous la forme de *ledoyen*, sans majuscule et dans un seul mot. On peut donc lui conserver la particule. Par ailleurs comme cet article s'y modifie suivant les mêmes règles que devant un nom commun, puisqu'on trouve, *les Doyens, des Doyens*, il est préférable de le garder distinct comme l'a fait l'éditeur de sa chronique rimée.

On voit par ce qui précède que ce n'est pas seulement de lui, mais de ses ascendants et collatéraux que Guillaume aurait pu dire :

Et ſi voulez de moy ſavoir
Je ſus natif du beau Manoir
Ouvrouyn, près le pont de Mayenne
Où j'ay ma terre & mon domaine.

SA NAISSANCE, SES ÉTUDES.

Guillaume le Doyen était donc petit-fils de Jehan le Doyen, fils de Pierre, neveu de Jehan et Jamet; il eut trois sœurs : Roberde, Guillemine et Jehanne. Quant aux héritiers qui prétendirent à sa succession, ils n'étaient certainement pas ses enfants; c'est sur des indices sérieux mais non absolument sûrs que leur degré de parenté a été fixé précédemment.

M. E. de Certain dit, au sujet de la date probable de la naissance de Guillaume : « Comme on ne peut supposer qu'il avait moins de vingt ans lorsqu'en 1480 l'idée lui vint d'écrire son journal, il y a lieu de penser qu'il naquit avant 1460. » Cette supposition est plus vraisemblable que l'opinion émise par l'auteur de l'*Histoire de Laval*, qui le ferait naître seulement vers 1470. Une preuve bien convaincante ressort de l'époque de son mariage, que Guillaume fixe lui-même à l'année 1486. Quand même la rédaction régulière des premières années de son journal eût été faite sur des souvenirs rétrospectifs, ce qui n'est pas improbable, il resterait toujours qu'il n'a pas dû contracter mariage vers l'âge de seize ans.

Le lieu de sa naissance est indiqué clairement dans le vers déjà cité : « Je fus natif du beau Manoir Ouvrouyn. » Les membres de la famille le Doyen, vassaux du Manoir, habitaient des maisons voisines et contiguës, sur la rue de Paradis. La demeure de Guillaume était la plus proche de la Croix-Bidault ; ses oncles, ou ceux qui héritèrent de leurs biens, se trouvaient plus rapprochés du Puits-Rocher. On peut donc supposer que c'est là qu'il naquit.

En cil an...
Moy yſſant de la grant eſcolle,
D'y aller ne fuz plus en colle.

C'est en ces termes que G. le Doyen nous apprend où il fit ses études. D'après l'interprétation de M. la Beauluère, le dernier vers semblerait indiquer qu'il bénit d'une façon un peu écolière, en lui disant adieu, la maison où il s'était fatigué sur le rudiment et sur le plein-chant sans doute. La *Grant-Eſcolle* était, comme on sait, l'école ou psallette de Saint-Thugal, dirigée par un principal et des maîtres à la nomination du chapitre. Voici, d'après M. Lévesque de la Bérangerie, dernier économe de Saint-Thugal, la liste des premiers directeurs connus de cet établissement.

Du Mesnil,
Maigrel,
Houllière,
Maintrot,
Le Lavandier.
Barrois,
Le Maignen,
Houillières,

Bernard,
Lemoulnier, devenu chanoine en 1572.

Puisque ce collège ou psallette de Saint-Thugal portait le nom de Grande École, il faut en conclure qu'il en existait plusieurs autres de moindre importance dans la ville de Laval ; et puisque G. le Doyen y fut placé, on doit croire que les influences de sa famille, ou des protections, motivées sans doute par les qualités qui le distinguaient, lui en facilitèrent l'entrée. Il n'y devint pas grand clerc, ni un de ces savants latinistes, hellénistes, hébraïsants comme les écoles de la Renaissance en formèrent à quelques années de là, à la suite surtout des expéditions de Charles VIII, Louis XII et François Ier en Italie. Mais s'il n'acquit pas, sous la direction de ses maîtres ecclésiastiques, l'atticisme et le goût classique, il eut assez de littérature pour la rédaction de ses protocoles, et il ne perdit pas, par un pédantisme trop commun alors, le sel et l'esprit gaulois dont on retrouve souvent dans ses vers boîteux, des traits qui ont leur charme. Cet élève qui, vers 1480, quitte les bancs de l'École Saint-Thugal ne sera pas un de ceux qui l'auront le moins illustrée ; et s'il a droit à la juste reconnaissance des Lavallois, dont il a commencé les Chroniques, ses maîtres doivent avoir leur part de cette gloire quelconque.

SA PREMIÈRE VOCATION

Segretain me mys, de par Dieu,
Servir au Cymetière-Dieu.
Puis de là, ou tout fol ou ſaige,
Je m'ordonne à mariaige.

M. Couanier de Launay, le premier et le seul, a conclu avec raison de ces vers, que G. le Doyen se destina d'abord à l'état ecclésiastique ; il ne serait pas même téméraire d'ajouter qu'il y fut initié à quelque degré. Les deux derniers vers indiqueraient la détermination, prise par le jeune clerc, de quitter une vocation à laquelle il ne se croyait plus appelé, pour une autre plus commune, mais qui n'est pas non plus sans lui laisser quelques appréhensions.

M. la Beauluère avait lu et fait imprimer ainsi le premier de ces quatre vers :

Segretain, ne mye, de par Dieu,...

Malgré la note où il expliquait que, *ne mye*, signifie, *ne pas*, le sens laissait à désirer, et tout le monde préfèrera la première lecture, qui est celle du manuscrit déposé à la Bibliothèque de Laval.

SON MARIAGE

G. le Doyen, qui relate si fidèlement les moindres évènements arrivés dans son voisinage et souvent les plus mesquines circonstances de sa vie ne pouvait manquer de mentionner dans ses tablettes la date de son mariage. Il le fait dans les vers suivants:

Ce fut l'année que je prins famme;
Dont Dieu me gard & Noſtre-Dame.
Il me la doint à joie uſer,
Car j'ai bien droit de la loſer.

C'est le premier évènement inscrit par le Doyen à l'année 1486. Il y a donc lieu de croire que le mariage se fit après Pâques de cette année; c'est-à-dire, vers le commencement d'avril, Pâques tombant le 26 mars.

Le versificateur est visiblement gêné par le rythme qu'il s'est imposé; la mesure et la rime, avec lesquelles du reste il prend des licences, le servent quelquefois pour rendre avec bonheur, un dicton, un proverbe, un trait qui part assez vivement de sa plume. Mais souvent aussi la gêne des entraves se fait sentir, et cette contrainte, jointe pour nous à des archaïsmes d'expression et de style, donne quelque chose d'équivoque à son langage. Ici, par exemple, un peu de malveillance pourrait interpréter assez méchamment ce second vers : *Dont Dieu me gard & Noſtre-Dame,* quand il vient de nous dire : *Ce fut l'année que je prins famme.* Telle n'est point pourtant son intention; ce vers est une formule pieuse, usitée dans toute circonstance grave, une invocation inspirée par la reconnaissance, plutôt que l'expression d'un souhait et surtout d'une appréhension. Les éloges qui suivent le disent assez; et ces éloges ont sans doute été mérités jusqu'à la fin, puisque le chroniqueur dans ses commérages, souvent assez intimes et expansifs, n'a jamais rien dit qui les révoque; puisque surtout l'humeur du mari fut toujours d'une gaîté qui ne suppose pas de discussions intestines dans le ménage.

G. le Doyen ne nous apprend pas le nom de son épouse. Les titres la nomment *Jehanne*; rien de plus; le nom de la famille à laquelle elle appartenait n'est nulle part indiqué. On ne voit pas non plus qu'elle ait apporté en dot aucune propriété à son mari. Tout ce qu'ils possédaient semble provenir de la succession *des Doyens*, ou avoir été acquis à titre onéreux.

Cette union n'eut pas toute les joies : Guillaume et Jehanne n'eurent pas d'enfants, aucun du moins ne leur survécut. Mais la longévité, cette autre bénédiction céleste, leur fut accordée dans des conditions exceptionnelles. Le mariage des deux époux était bénit en l'année 1486; or, en 1540 l'un et l'autre vivaient encore. Si donc l'usage dit des *noces d'or*, conservé jusqu'à nous, existait déjà, les deux vieillards purent venir renouveler au pied des autels de l'Église Saint-Vénérand, la bénédiction reçue cinquante ans auparavant dans l'ancienne église paroissiale de Saint-Melaine.

Les noms des deux époux figurent mainte fois côte à côte dans les contrats d'intérêt ou d'affaire, mais jamais sur les rôles des avocats, ni sur le parchemin des tribunaux; preuve que leur existence s'écoula dans la paix et le bonheur, puisque, comme les peuples heureux, ils n'ont point d'histoire. *Si parva licet componere magnis.*

SES DIVERSES FONCTIONS

Outre les premières fonctions qu'exerça Guillaume le Doyen à sa sortie de la *grant escolle* de Saint-Thugal, comme secrétaire de la collégiale du Cimetière-Dieu, il en eut plusieurs autres, dont la principale fut celle de notaire. Pour comprendre ce qu'était cette charge et quelle qualité et situation sociale elle donnait à celui qui en était revêtu, on lira avec intérêt les citations suivantes empruntées à *l'Etude sur les corporations d'Arts et Métiers du comté de Laval* par M. la Beauluère.

« Le seigneur châtelain, sous le nom de *droit de sceel*, avait le pouvoir d'instituer des notaires dans toute l'étendue de sa juridiction. Une ordonnance du roi Philippe-le-Bel, de 1320, reconnaissait que le roi ne pouvait établir de notaires dans les terres des seigneurs châtelains.

« Le *notaire seigneurial*, qualifié de notaire subalterne, pouvait passer et recevoir des actes et contrats, mais seulement dans l'étendue de la seigneurie, entre les domiciliés et sujets, pour leurs biens situés dans son territoire.....

« L'établissement des *notaires royaux* dans la ville et comté de Laval était ancien. La cour et seigneurie de

Bourgnouvel, près Mayenne, était du domaine du roi, et avait des notaires royaux. L'époque de leur établissement nous est inconnue. Les seigneurs de Laval leur permettaient, pour la commodité de leurs sujets, de venir instrumenter dans l'étendue de leur comté; dans la suite des temps, ils s'y établirent.

« Les contrats passés par les notaires royaux avaient toujours un caractère plus authentique que ceux des notaires seigneuriaux. »

« Les notaires royaux et ceux du comté prétendaient avoir le droit d'instrumenter dans toutes les paroisses du comté, ressort et élection de Laval. Ils élevaient aussi la prétention d'empêcher les notaires des diverses seigneuries, qui faisaient leur résidence dans la ville, d'y passer des actes.....

« L'office de notaire n'était point considéré comme héréditaire. En le concédant, le seigneur n'aliénait point son droit de propriété... Ce qui portait préjudice aux ventes des offices des notaires subalternes, et augmentait la valeur des offices des notaires royaux. Le protocole et les minutes étaient remis à l'acquéreur de l'office.

« Ces auteurs n'étaient pas d'accord sur cette question qui avait été souvent agitée, savoir si les notaires dérogeaient à la noblesse et perdaient leurs privilèges, et aussi si un noble qui instrumentait comme notaire devait être imposé à le taille.....

« Les actes des diverses juridictions avaient leur sceel particulier. Les juridictions seigneuriales paraissent avoir conservé les armes de leurs anciens seigneurs. Le sceau de Laval était *mi-partie à la croix chargée de coquilles, et le Léopard* avec ces mots : sceau des contrats.

« Les notaires royaux et du Bourg-Nouvel avaient la fleur de lys.

« A la procession de la Fête-Dieu, et dans les autres cérémonies, le corps des notaires royaux prenait la droite, suivant l'ordre des réceptions, et les notaires du Comté étaient à gauche, chacun en habit décent, portant un cierge à la main. »

L'auteur de ces lignes a laissé imprimer, à tort, dans le titre de son édition des *Annales & chroniques* du pays de Laval, ces mots, *en son vivant notaire* ROYAL *du comté de Laval*. Le Doyen fut seulement notaire du Comté, nulle part dans ses actes, il ne prend une autre qualité, et c'est sans doute encore ce qu'il veut faire entendre quand, parlant du seigneur de Laval, il répète dans ses vers :

Et le bon Conte à qui je ſuy.

Le grand évènement de la carrière de notre tabellion fut sans doute le danger qui le menaça, comme tous ses confrères, de se voir supprimé par les lettres patentes de 1515, et la commission, donnée ensuite de ces lettres, à Jacques Tahureau. Il nous rapporte lui-même le fait en ces termes, où l'on voit dès le début que le péril était passé pour lui.

Ledict an, véritablement
Le roy & tout ſon parlement

Firent faire reformation
Des nostres, confusion
S'estoit partout le pais de France,
Où il fust mys quelque ordonnance.
Car en chascune des contez,
Chastellenies, villes, citez
Furent reduicts à ung certain nombre,
Plusieurs ne servoient que d'encombre.

Voici comment M. L. La Beaulùere raconte les circonstances de cette réforme :

« Philippe-de-Valois, roi de France... ayant fondé la chapelle du Gué-de-Maulny... donna aux trésoriers et chapelains de cette chapelle le droit de créer et établir des notaires dans le Comté du Maine...

« Le nombre des notaires ne fut pas limité. Dans la suite du temps, les chanoines usèrent largement des droits concédés par le roi Philippe-de-Valois. Ils créèrent un nombre de notaires qui parut énorme, la plupart même de ces officiers civils ne savaient ni lire ni écrire. La duchesse d'Angoulême, mère de François Ier, qui possédait le Maine et l'Anjou, par le don que lui en avait fait son fils, adressa au roi des remontrances pour faire cesser un état de choses qui pouvait compromettre bien des intérêts privés et apporter du trouble dans les affaires publiques.

« Des lettres patentes du roi François Ier du 4 août 1515, ordonnent que le nombre des notaires du Maine et de l'Anjou sera réduit, et que des hommes sages seront les seuls maintenus dans leurs fonctions.

« Par suite de ces lettres, la duchesse d'Angoulême

donne par lettres patentes du 5 septembre 1515, commission à Jacques Tahureau, lieutenant général du Maine, de procéder à cette réduction dans le ressort et sénéchaussée du Maine.

« Jacques Tahureau se transporta à Laval pour y diminuer le nombre des notaires. Guy XVI, comte de Laval, voulut y mettre opposition. Le procès-verbal de cette opposition dit que *le Comté* de Laval, étant séparé de celui du Maine, il faisait un Comté distinct, que c'était ainsi deux Comtés, *pares dignitate curia Regis*. Que le juge du Maine et de ladite dame ne pouvait avoir aucune juridiction sur le Comté de Laval. Jean Bérault, procureur fiscal du Comté, forma l'opposition.

« Jacques Tahureau, nonobstant l'opposition du seigneur de Laval, Guy XVI, passa outre. Il réduisit le nombre des notaires royaux pour tout le Comté de Laval à quinze, il y en eut six pour résider dans la ville et banlieue, et le nombre des notaires subalternes fut fixé à trente-cinq. »

G. le Doyen, après nous avoir dit que « plusieurs ne servoient que d'encombre, » se met en évidence dans ces vers peu modestes :

Et moy fus le PREMIER *pourveu;*
Monſieur m'avoit pour tel éleu.

C'est bien le ton d'un premier de classe, fier de sa place. Il y avait d'ailleurs quelques raisons pour lui de se prévaloir d'un succès ou d'un choix, qui le mettait à la tête des trente-cinq hommes sages et instruits, seuls maintenus dans leurs fonctions. On est porté à croire, d'après l'inspection des contrats de cette époque, que le choix du Comte de Laval était ratifié par l'opinion publique : les actes de G. le Doyen sont, du moins pour le faubourg du Pont-de-Mayenne, de beaucoup les plus nombreux. Lui-même nous rappelle avec satisfaction les plus importants, ceux qui pouvaient lui faire le plus d'honneur :

Et le premier contract d'acquest,
Je fuz à le passer tout prest.

dit-il en parlant d'une acquisition faite par les Jacobins quelque temps après leur installation au lieu de la Trinquerie. Plusieurs fois dans le cours de son œuvre il fait des réflexions semblables.

G le Doyen ne nous donne pas la date exacte de son entrée en fonction, comme notaire ; mais il était certainement pourvu avant 1489. Comme par ailleurs il exerçait encore en 1539, il eut au moins cinquante ans de vie active. Ses fonctions, qu'il remplissait sans doute avec zèle, mais qui étaient peut-être moins chargées de préoccupations qu'elles ne le sont de nos jours, lui laissaient assez de liberté pour s'occuper de soins divers, et se permettre des loisirs, qu'eu égard au temps, on peut appeler littéraires.

Quoique le sceau des contrats de la cour de Laval se voie sur un grand nombre de pièces originales du XVIe siècle et des suivants, tel que M. la Beauluère nous l'a décrit plus haut, on sera sans doute heureux d'avoir ici la reproduction de celui qui semble dater de l'époque de

G. le Doyen, et qui servit sans doute à sceller les actes rédigés par lui.

Il en existe de plusieurs modules et qui présentent quelques détails un peu différents, mais l'écusson est toujours absolument le même.

En l'année 1530, le Doyen fut chargé par le Comte de Laval d'un travail extraordinaire, ou d'une fonction, qui le tint enfermé à l'Hôtel-Dieu de Saint-Julien, pendant seize mois, (il les a comptés soigneusement), à son grand déplaisir. Il ne nous dit point de quelle nature étaient les occupations qu'on lui imposa, mais elles devaient êtres pénibles, ou bien contraires à ses goûts, s'il n'y a pas trop d'hyperbole dans les rimes suivantes :

A Pasques cinq cent trente & ung
Après l'autre an j'ay passé l'ung.
Mais me trouve en fort lyen,
En issant de Saint-Julien.
Seze moys qu'y fuz en prison,
Où l'on m'a faiz tout que raison.

J'y ay cuidé laiſſé la peau,
Et à ma femme ſon couteau.
Monſieur m'avoit baillé la charge,
Mais à joye je m'en décharge,
Jamais n'y eut jour de deduyt,
Ne ſančté, ſ'eſt pour tout reſpit,
Et, pour en paſſer l'achaiſon,
M'en retourne en ma maiſon.

Le brave homme avait soixante-dix ans quand il exprimait si énergiquement le bonheur qu'il éprouve de retrouver sa liberté, ses relations, ses intimités, ses flâneries, et les simples plaisirs de sa vie bourgeoise.

Il est un autre office, dont notre chroniqueur ne parle pas, probablement à cause de son peu d'importance, mais qu'il exerça pourtant pendant de longues années. Les registres du temps en font foi. Il était *sergent* du fief du Manoir Ouvrouin ; il est qualifié même une fois de *sergent général de Laval,* sans qu'on puisse bien savoir qu'entendre par cette qualification. Le sergent, surtout dans ces seigneuries d'une juridiction peu étendue, n'était qu'un officier très-subalterne, dont les attributions répondaient assez exactement à celles de nos huissiers. Cette charge se cumulait avec d'autres fonctions plus importantes et plus lucratives. G. le Doyen figure comme sergent aux assises des pleds de la seigneurie de Villoyseau et du Manoir Ouvrouin depuis 1511 ; et il semble avoir instrumenté en cette qualité jusqu'à la fin de sa vie. Il n'est plus nommé en 1539, mais il l'était encore en 1536.

Le sergent recevait pour ses *peines*, *gaiges* et *ſalaires*, le tiers des amendes. Mais du vivant de Guillaume il y eut réforme sur ce point. Voici une note où il est question d'un exploit qu'il eut à faire à Saint-Céneré en 1511 :

« A eſté payé à G. le Doyen, ſergent général de Laval pour avoir eſté audict lieu de Saint-Séréné et fait le commendement de la dicte proviſion sur les dicts Eumonds, en la compaignie dudict Champelays et autres; luy a eſté payé par le commendement dudict Champelays... ſavoir eſt audict le Doyen dix ſolz & pour lesdicts gans quatre ſolz. La depenſe chez Guillaume-le-Prince à Sainct-Séréné fut de quarante & un ſol quatre deniers. Octobre 1511. »

Rapprochement assez curieux : le Doyen dit dans sa chronique qu'en l'année 1511 à l'Angevine :

Fuſt l'invention ſaincte Croix
Jouée à ſainct Séréné.

N'aurait-il point été lui-même un des organisateurs ou acteurs de ce *Mystère*, et ne profitait-il point des voyages d'affaires, auxquels ses fonctions l'obligeaient, pour mêler ainsi l'agréable à l'utile ? Ne serait-ce point dans des conditions semblables, qu'il se trouva à Vautorte et à Montsûrs alors qu'on y jouait la *Passion*, et que lui-même y tenait un rôle ?

Ces diverses fonctions donnaient à G. le Doyen des

relations nombreuses, et grâce à ses talents dans plus d'un genre, le notaire-sergent, l'ami de tous les notables de son temps et de son voisinage rendait des services de différente nature : il représentait ses parents dans les actes officiels, où ils ne pouvaient paraître eux-mêmes, et signait fréquemment *à leur requeste*; il rédigeait complaisamment pour un officier quelconque, receveur ou greffier, les actes où il intervenait; enfin il se faisait l'interprète de ses concitoyens dans certaines circonstances solennelles, par exemple quand il s'agissait de souhaiter la bienvenue au comte ou à la comtesse.

On aime à se le représenter ainsi, serviable, d'une humeur heureuse, bon paroissien, on le voit partout ; mais aimant avec passion les récréations honnêtes qui faisaient la joie de nos bons aïeux, et dont il était volontiers la boute-en-train. Le portrait qu'il trace de Jacques Bruneau qui *fust rendu mezeau* (lépreux) *à la pouvre Maladrerie de Sainct-Nicolas*, devait lui convenir assez à lui-même. Il regrette et pleure trop sincèrement, pour n'avoir pas eu tout ses goûts, celui qu'il appelle

..... le prince du Poullains,
S'estoit le plus gentil compains
Qui fust en toute la Conté,
De tous sens il est confronté,
Joueurs, dansleurs, bon composeurs,
Bon compaignon & gaudisseurs.

———

SA DEMEURE ET SON DOMAINE

Il a été dit précédemment que G. le Doyen habitait la rue de Paradis, et le côté de cette rue faisant partie du fief du Manoir. Son habitation, avec ses dépendances, cours, servitudes, jardins, se trouverait aujourd'hui comprise dans l'enclos des religieuses de la Miséricorde. Les documents qui suivent, permettront de se rendre compte des changements que subit son *domaine*, par suite de diverses acquisitions et constructions. On y verra aussi quelques incidents de la vie de notre auteur.

Voici l'aveu qu'il rendait, en 1511, au seigneur du Manoir :

« Guillaume le Doyen ſ'eſt aujourd'hui advoué noſtre ſubgect en nueſſe pour raiſon des choſes héritaulx qu'il tient en la ſeigneurie de céans c'eſt à ſavoir de deux maiſons ſiſes devant la porte de céans, une court entre deux ſur le grand chemin tendant du Puitz-Rocher à la Croix-au-Bidault avecques le petit jardin ſis derrière icelles maiſons, qui eſt la première prinſe que fiſt autrefois Pierre le Doyen ſon père de feu Monſeigneur Julian Auvé que Dieu abſole. Auſſi ſ'eſt advoué noſtre ſubgect comme deſſus pour raiſon de IV hommées de jardin ou environ ſiſes derrière les choſes devant déclairées joignant d'un couſté au jardin que feu Jamet le Doyen & au mur du cloux de la *fuye* de céans, & d'autre couſté aux jardrins de Colas Rotrou, Robin Jouet à cauſe de ſa femme veufve de feu Yvon Lamy & Michel Pennard, & abuttant au jardrin que de préſent tient Guillaume Bonneſſe à cauſe de ſa femme, fille de feu Jehan Puiſſant, avecques droit de chemin qu'il a luy & les ſiens d'aller & venir, paſſer & rapaſſer par ſur le jardrin dudit Pennard o toutes ſes choſes néceſſaires & quant bon luy ſemble.

Au moyen deſquelles maiſons, court & petit jardrin il a confeſſé qu'il nous eſt tenu ſaire chacun an au terme de Paſques XV ſ. tourn. de rente inféodée, & pour raiſon deſdits jardrins au terme de l'Angevine VI ſ. VIII d. & II boiſſ. de ſeigle, meſure de Laval, auſſi de rente inféodée.

Et autre choſe n'avoue à tenir en la S^ie^ de céans, dont nous l'avons jugé & partant l'en avons envoyé ſans frais & ſans amende ſauf à le faire revenir. »

Cet acte porte la signature G. Doyen.

Voici maintenant quelques notes détaillées prises dans un compte de l'époque. On y apprendra à quel titre le Doyen possédait ces différentes propriétés, et quelle était l'origine des redevances dont elles étaient chargées.

1513 « Guillaume le Doyen pour ſes maiſons & petit jardrin ſis derrière icelles qui eſt la première baillée des terres dudit Manoir, ſaite par feu Meſſire Jehan Auvé à Pierre le Doyen ſon père, à ce terme de Paſques, XV ſ.

« Guillaume le Doyen pour une baillée & eſcroiſſement

où derrière de ſes maiſons & petit jardrin, au terme de l'Angevine III ſ. IV d. outre un bouesſeau de ſeigle.

« Ledit le Doyen pour une autre eſcroiſſance autrefois prinſe de feu mondit ſeigneur par feu Michel Ricoul, joignant l'eſcroiſſance deſſuſdite : III ſ. IV d. outre un boeſſeau de ſeigle. »

C'est le 28 décembre 1499 que Guillaume avait acquis de M. Ricoul le jardin dont il est ici question.

L'acte suivant qui est un arrangement intervenu entre Guillaume et ses trois sœurs donne de nouveaux renseignements sur ses possessions, mais surtout il contient des détails intéressants sur toute sa famille.

« Eſdits pledz (1500) Guillaume le Doyen nous a aujourd'huy exhibé un contraiƈt paſſé par Raoullet Lemarillier, notaire des contraiƈtz de Laval le ſixième jour du mois de décembre l'an mil IV^{c} IV^{xx} XVII par lequel apert que Perrot le Doyen ſon père en la preſence & du conſentement de Pierre Largerie & de Roberde ſa femme, de André Girard & de Guillemine ſa femme, de Robin Arondeau & de Jehanne ſa femme ; leſdites femmes ſœurs germaines dudit Guillaume le Doyen, bailla audit Guillaume en avancement de droiƈt succeſſif pour luy & ſa femme, ſa maiſon, court, eſtable & jardrins le derrière avec la tierce partie d'une maiſon & jardrin par indivis ſiſe près leſdites choſes, que ſiſt autreſſoiz conſtruire & édiffier feu Jehan le Doyen père dudit Perrot, joignant leſdites maiſons & jardrins d'un couſté à icelle maiſon de feu ſondit père & à la dernière prinſe du verger du Manoir que ſiſt Michel

Riçoul, d'autre couſté au jardrin de Jehan Hennier à cauſe de Marie Tartroux ſa femme, de Pierre Leclerc & Raoullet Hemmery & la veufve de feu Yvon Lamy, abuttant d'un bout au grand champ du Puitz-Rocher & d'autre bout au jardrin de la veufve de feu Pierre Freullon, appartenant pour le préſent audit Guillaume le Doyen. Fait ce préſent tranſport en avancement de droiɛ̃t ſucceſſif & pour nourir & entretenir ledit Pierre le Doyen ſon père le demourant de ſa vie, promeɛ̃tant garantir en poiant à la recepte de céans XV ſ. tourn. de rente pour la première baillée, & III ſ. & IV den. & un boueſſeau ſeigle le tout de rente pour la ſeconde baillée. Et en outre de ce pour en paier par ledit preneur auſdits Largerie, Gillard, Eſrondeau (ſic) à cauſe de leurs femmes trante solz tourn. de rente après la mort & décès dudit Perrot le Doyen ſon père, qui eſt à chacun d'eux dix solz tourn. au condicion d'en faire l'admortiſſement touteſſois et quantes &c. o la somme de trante livres, & ſ'eſt deſadvoué d'avoir faiɛ̃t l'admortiſſement de ladite rente. »

Malgré sa longueur, la pièce suivante est à citer tout entière ; elle détermine, d'une manière plus précise qu'aucune autre, la situation de la demeure de Guillaume le Doyen. Le droit de passage dont il y est question existe encore en faveur de la maison de la Miséricorde. Elle est d'ailleurs intéressante à plusieurs autres titres.

« Saichent tous préſents & avenir comme procès ſuſt eſpéré mouvoir entre Guill. le Doyen demandeur d'une part & Michel Pennard deffendeur d'autre part à l'occaſion de ce que ledit demandeur diſoit que puis quatre ans encza Treubine veufve de Jean-Pierre Freſlon & Jehan Freſlon ſon fils luy avoient baillé & tranſporté par deux contractz, certaines porcions des jardins & appartenances de leur maiſon ſiſe en la rue du Cymetère-Dieu près cette ville de Laval pour aller & venir exploicter iceulx jardins par le pignon de la maiſon de ladite veufve & dudit deffendeur avecques ung cheval chargé d'engrees ou autrement, a paſſer & rapaſſer gens de pié, rameaux & autres choſes neiceſſaires audit demandeur & meſmes que il avoit eſchangé porcion dudit jardin avecques une autre porcion semblable au bout de ſon jardrin avecques Jehan Roayſbes, & paravant que ledit deffendeur & ledit Roayſbes qui ont les deux ſeurs & heritiers pour le tout de feu Jehan Freſlon euſſent partaigé leurſdits jardrins. En faiſant ledit eſchange icelluy Roayſbes luy avoit ſemblablement baillé droit de chemin par le pignon de leurdite maiſon à aller & venir exploicter icelles porcions de jardrins en la manière que dit eſt. Ou par ledit deffendeur eſtoit reſpondu que quelſques droitz des chemins que ledit demandeur diſoit avoir par les contractz ainſi par l'un faiz avecques les deffendeurs deſſusdits Treubine & Jehan Freſlon ſon filz, qu'il n'avoit que dire ne que empeſcher qu'ils ne ſortiſſent leur effect, mais que ils n'avoient riens ou paſſaige par eux à luy baillé & que jamais ny eurent quelque droict ny n'en acquirent aucune poſſeſſion & que il y avoit faict conſtruire & édiffier une porte à deux huiſſetz puis huit jours paſſez pour garder ſa poſſeſſion qu'il diſoit y avoir, quelle porte il entendoit fermer de clef & claveure ſans ce que ledit demandeur y paſſaſt & qu'il luy nyoit y avoir aucun droit, ou par ledit demandeur eſtoit replicqué au contraire, & que ou il ſeroit ainſi que ladite Treubine ſon fils & ledit Roayſbes n'y euſſent aucun droit de chemyn, ſi avoit-il acquis icelluy par poſſeſſion pour ce qu'il y avoit exploicté préſents ledit deffendeur & les deſſuſdits en paſſant engrées, rameaux & autres choſes par pluſeurſſoiz & en avoit acquis poſſeſſion par ung, deux, troys ans & plus. Auſſi que ſelon la couſtume du pais qui tient aucun héritaige & le poſſède par an & par jour paiſiblement acquière poſſeſſion de la choſe & ſ'en deffendroit contre tous en matière poſſeſſoire en prouvant les derrains exploitz & ſans prouver ny alléguer aultre tiltre.

Et autres pluſieurs raiſons eſtoient alléguées par leſdites parties tant d'une part que d'autre, finablement : En notre court de Bourgnouvel en droit par devant nous perſonnellement eſtablis c'eſt aſſavoir ledit Guill. le Doyen d'une part & ledit Michel Pennard touz paroiſſiens de St Melaine d'autre part. Soubmectans eulx leurs hers & aians cauſe avecques touz & chacuns leurs biens & choſes ou povoir deſtroit & juridiction de notredite court & de toutes autres ſi meſtiet eſt quant à ce qui ſ'enſuit tenir & accomplir, confeſſent de leurs bons grez & pures voluntez ſans contraincte les choſes deſſuſdites eſtre vroyes & avoir aujourd'huy tranſigé, pacifié & appointe, & par ces préſentes tranſigent, pacifient & appointent de & sur leſdites queſtions & débatz avecques le conſeil & advis d'aucuns leurs amys p[r] plect & procès eſchiver paix & amour nourrir entre eulx en la forme & manière qui ſ'enſuiſt, ceſtaſſavoir que ledit

Michel Pennard a conféré & octroyé, confère & octroye à icelluy le Doyen ses hers & aians cause icelluy droit de chemyn par luy maintenu ainsi qu'il a icelluy exploilté par avant ce jour & selon ses contractz lesquels ledit Pennard a euz & a pour agréable, sans jamais venir encontre, & pour tant que touche ladite porte édifiée par ledit Pennard oudit passaige, il a promis & sera tenu icelle maintenir & entenir pour l'avenir, ensemble la serreure & autres choses réquises à ladite porte. Au moyen que ledit le Doyen ses hers & aians cause en auront une clef que ledit Pennard ses hers ou aians cause seront tenuz luy bailler, pour icelle faire ou refaire au patron quant le cas y écherra & lequel chemyn depuis ladite porte jusques au jardrin dudit le Doyen sera en maniere de raeze de deux pieds & demy de leze; fors que au contenu du pignon de ladite maison y aura chemyn de telle leze que ung cheval y puisse passer chargé. Et pour tant que tousche l'un des contratz d'entre ledit le Doyen & ladite où ledit le Doyen avoit prins icelluy jardrin à cinq solz de rapport aux deniers deux par raison de toutes lesdites choses à la recepte du manoir, icelluy le Doyen luy a quicté une petite planche qui estoit demourée de l'eschange faicte par icelluy le Doyen avecques ledit Roaysbes au moyen qu'il a dechargé icelluy le Doyen de douze deniers prins sur lesdits cinq solz & l'en a deschargé & descharge par ces présentes; & pour aider a poier ladite serreure de ladite porte icelluy le Doyen luy a poié présentement deux solz six deniers tourn. Et ont promis lesdits establiz faire obliger leurs femmes à ce present, appointement toutefois que mestier sera, a la paine de touz interetz. Et fut fait & donné jugé à tenir à leurs requeſtes par le jugement & condemnation de notredite court en préſence de Julien Raffray, Jehan Perier, Francoys Turtault de ladite paroiſſe de St Melaine. Paſſé en la maiſon de Tiennot Ferrant oudit pont de Maienne, le neufvième jour du mois d'octobre l'an mil cinq cens & trois. »

Signé Lebaſete, et au dos : Appointement entre Guillaume le Doyen demandeur, et Michel Pennard deffendeur, touchant le droit que a ledit le Doyen par sur les choſes audit Pennard.

Il sera dit plus loin qu'une des maisons appartenant à G. le Doyen, se nommait le *Doyenné*. Cette similitude de nom ne doit pas être fortuite. La famille le Doyen aurait-elle dû son nom à son séjour dans une maison, ainsi désignée, pour avoir été précédemment la demeure d'un dignitaire ecclésiastique ? Cela n'est pas impossible. Bien des noms de famille tirent leur origine de causes semblables, et ne remontent qu'à cette époque. Pourtant, dans le cas présent, il est plus croyable que le nom du propriétaire sera devenu celui de sa demeure ; car cette appellation ne semble dater que de la fin de la vie de G. le Doyen. Mais elle se conserva après lui, assez longtemps. Peut-être en eût-il lui-même l'initiative, peut-être aussi l'usage prévalut-il dans son voisinage de nommer ainsi l'habitation d'un concitoyen qui avait de la notoriété, et une réputation populaire et joviale.

SA FORTUNE, SA POSITION SOCIALE

G. le Doyen n'était pas riche, lui-même nous apprend que son domaine n'était pas de grand revenu. Le soin méticuleux qu'il met à relater chaque année, avant tout le reste, le prix des menues denrées, prouve aussi que les moindres variations pouvaient déranger l'équilibre de son maigre budget. Un notaire du Comté, qui partageait avec une vingtaine de confrères la clientèle d'une petite ville, ne pouvait pas prétendre s'enrichir rapidement. Le Doyen, d'ailleurs, qui était *tabellion* avec des goûts littéraires, qui entre-acte composait des *Mystères* et en montait la représentation « en y mettant du sien », ne devait pas poursuivre la fortune avec l'âpreté, gage du succès.

Pourtant l'on a pu voir, par les citations précédentes, que ses affaires étaient assez prospères : il acquérait, bâtissait et arrondissait souvent *son domaine* d'un jardin, d'une cour, d'une maison. On verra plus loin que sur la fin de sa vie il aliéna plusieurs propriétés. Était-ce le besoin d'augmenter ses ressources, qui le faisait recourir à ce moyen ? Était-ce, au contraire, afin de consacrer les sommes ainsi réalisées à quelque fondation pieuse ou à quelque œuvre de bienfaisance ? Rien ne l'indique.

Cette charge de notaire, qui n'enrichit que médiocrement G. le Doyen, ne l'éleva pas non plus à une haute position sociale. Il était, à ce titre, inférieur aux officiers du Comté, et ne semble pas même avoir été l'égal du sénéchal, du procureur, du receveur de la seigneurie du Manoir. Du reste l'ambition ne le travaille pas. Il ne jalouse point ceux qui l'emportent sur lui par la fortune ou par des fonctions plus honorables. Jamais il ne manque de leur exprimer les témoignages de la reconnaissance publique, quand ils ont rendu quelque service signalé à leurs concitoyens ; soit par des offrandes pour la nouvelle Église paroissiale ; soit par de généreuses aumônes ; soit, dans les années de disette, en procurant à des prix moins exorbitants le blé ou le vin, dont ils étaient allés s'approvisionner dans des provinces plus favorisées que la nôtre.

Mais si, par ses fonctions et sa fortune, Guillaume n'était pas un personnage important, il était bien vu et favorablement accueilli des plus notables. Il est injuste de l'accuser de basse adulation ; mais on peut bien avouer qu'il payait volontiers en monnaie poétique les attentions et les préférences dont il était l'objet en haut lieu. A l'exemple de Jehan Daniel, dit Mitou, dont il a transcrit l'œuvre dans son manuscrit, il décrivit lui aussi les pompeuses et *pitoyables* funérailles de Guy XVI, son bon seigneur. Cette pièce relativement soignée ne devait pas rester en portefeuille. Qui sait même si dans la pensée du poète, le récit de la bataille de Saint-Aubin, la complainte des Bretons, l'épitaphe de François II, où perce, avec une certaine recherche de style, une intention de flatterie assez heureusement rendue, n'étaient point destinées à passer sous les yeux du jeune roi, Charles VIII. Le bon notaire ne rêva-t-il point de se voir, dans une scène semblable à celles qu'on voit dépeintes dans la plupart des ouvrages de ce temps, à genoux devant le prince, son manuscrit enluminé à la main, lui faisant la dédicace de son œuvre ?

Quoi qu'il en soit de ces suppositions et des ambitieuses visées du versificateur, toujours est-il qu'il avait les faveurs du comte de Laval ; puisque celui-ci le désigna avant tous ses confrères pour être maintenu en fonction, lors des réductions de 1516. Il était mieux vu encore au Manoir-Ouvrouin de la part des officiers de son seigneur immédiat, avec lesquels nous le voyons sur le pied d'une intimité qui a laissé des traces jusque dans les comptes du receveur de la seigneurie. Il se rendait utile grâce aux connaissances acquises dans l'exercice de sa charge. Il est dit à la suite d'un mémoire de l'année 1502, et qui concerne G. le Doyen : « L'oultre plus luy, a eſté donné pour pluſieurs ſervices, qu'il a faiz à monſeigneur en pluſieurs commiſſions et charges, qu'il a eu pour la court. »

Les familles de Launay et Hubert, alliées entre elles, exercèrent pendant plusieurs générations successives la charge de receveur du fief du Manoir. Parlant de Jehan de Launay, qui mourut en 1507, le Doyen dit :

Vingt ans m'a bien entretenu,
Devant Dieu ſoit-il bien venu.

La citation suivante servira de commentaire à ces vers et nous fera voir par quel moyen les deux amis, tout en sauvegardant les droits du seigneur, avaient trouvé moyen de rendre leurs relations amicales plus fréquentes et plus faciles.

« Guillaume le Doyen tenant les choſes à ferme de

Guillaume Boneſſe, ſituées près le Manoir de céans, eſt jugé de ſon conſentement, qu'il n'avoue aucun droit de huiſſerye ne entrée du jardin dudit Boneſſe au Manoir de céans, confeſſe qu'il a fait faire ladite huiſſerye o le congé du receveur *et pour le venir voir ſeulement*. Dont nous l'avons jugé. »

Cette déclaration est signée : G. Doyen.

Le second aveu est de 1518 ; il montre que les relations commencées avec J. de Launay avaient continué avec André Hubert, son successeur, et que les condescendances de ce dernier étaient devenues plus larges encore.

« Guillaume le Déan (*sic*) ſ'eſt jugé de ſon conſentement que pour quelque temps que ce ſoit qu'il ayt ou pourra avoir une huiſſerye ſur la cour, Manoir & terre de céans, appartenant à mademoiſelle, comme bail & garde de meſſeigneurs ſes enffants, & entrée de ſes jardins ſur leſdites terres; auſſi certaine porcion d'une chemynée, four et feneſtre qui ſont en la muraille faiſant cloaiſon entre leſdites terres du Manoir & leſdits jardins, ſur lequel mur il a appoſé certains merrains, & pour autant que d'iceux y en peult avoir, qu'il n'y peuſt prétendre ni acquérir aucun droit de preſcription. Déclarant ledit mur & cloaiſon appartenir à noſdits ſeigneurs, & n'avoir aucun droit d'yſſue ſur leſdites choſes, ſinon par congié ; et y a renoncé, dont nous l'avons jugé. »

Suivent les signatures Bernier et G. Doyen.

Par contre & pour reconnaître ces concessions, Guillaume le Doyen offrit pendant longtemps l'une de ses maisons ou l'un de ses jardins, suivant la saison, pour la tenue des *pleds* de la seigneurie. L'huisserye pratiquée entre les deux habitations servait ainsi, tantôt aux officiers du Manoir pour les introduire chez le tabellion, tantôt à celui-ci pour visiter plus facilement ses amis, habitants du Manoir.

Dès 1509, peut-être avant que le Doyen exerçât les fonctions de sergent de la seigneurie, les pleds se tenaient au mois de juillet dans un de ses jardins; — le 27 juin 1513, dans sa maison, rue de Paradis; — juin 1516, dans la maison « qui eſt derrière la maiſon où il demeure; » — juillet 1517, « dans une petite maiſon ſituée dans un jardin derrière la grant maiſon G. le Doyen; » — le 26 août 1519 « ès jardrins de G. le Doyen; » — 1521, « en une maiſon appartenant à G. le Doyen et paravant à René Eumond, rue de Paradis; » — Cette habitude continua même après la mort de Guillaume; et les assises de 1553 se tiennent encore dans la maison « qui fut autrefois feu G. le Doyen, maintenant François Arnoul ſous le portail d'icelle. »

CONTRATS DIVERS

Les actes et contrats qui suivent donneront quelques nouveaux détails sur Guillaume le Doyen et sa famille.

Dans le premier interviennent un grand nombre de ses neveux pour la vente d'un bien commun :

« Jehan Bernier nous a aujourd'huy exibé deux contractz paſſés par la court de Laval par J. Chevalier le XXIe jour de may l'an mil cenq cens quinze préſens

Thomas Jagu & Jehan Leroy. Le premier contenant (que) Jehan le Doyen & Gilotte ſa femme, Guillemine veufve de feu André Girard, Guillaume le Doyen & Jehanne ſa femme, Pierre Ernoul & Guillemine Largerie ſa femme, tant en leurs noms que ou nom d'eulx ſaiſans fors de André Largerie abſent & Marie veufve de feu Robert Coſnard, tous paroiſſiens de St Melaine firent vendition audit (Bernier) (1) d'une portion de maiſon & jardin ſitué en la rue du Manoir-Ouvrouyn en laquelle demeurait lors au temps de ſon trepas feu Jamet le Doyen, quelles montent une chambre par hault les greniers deſſus ; une portion de jardin derrière. Laquelle vendition a eſté faite pour le pris & ſomme de treize livres tourn. & à charge de poier deux solz de rente ou devoir, portion de XV solz que doit tout le grant corps de ladite maiſon & du jardin derrière. »

L'autre contrat est insignifiant.

Le 5 janvier 1533 (v. s.), Guillaume le Doyen vendit aux chanoines du Cimetière-Dieu un petit jardin et la maison nommée le Doyenné pour la somme de 18 livres. Ceux-ci le cédèrent bientôt, comme on voit, par le contrat suivant :

« Vénérables & diſcrets maiſtres Nycolas Menard, Macé Viez, Pierre Chardon, Pierre Gautier, Julian Valleroy, Ambroiſe Lechevrier, Thyerry Mollet (?) chanoynes de St Michel baillent à la rente de soixante quinze solz tourn. un petit jardin auquel y a une

(1) L'acte porte *le Doyen*, c'est évidemment une erreur.

petite maiſon vulgairement appelez *le Doyenné*, à François Arnoul, marchand, demeurant près ladite égliſe. Les chanoines cèdent leſdites choſes telles qu'ils les tenaient de feu Guillaume le Doyen par acqueſt ou autrement. »

Cet acte est du 4 janvier 1540 (v. s.), la rente fut amortie en 1554 par le même François Arnoul.

Dans les exhibitions des contrats suivants, on voit d'abord Guillaume le Doyen et sa femme réalisant la somme importante de 120 liv. par la vente d'une rente de 6 liv. tourn. On voit également les deux époux céder un droit de passage aux chanoines de St Michel. Enfin les héritiers de Guillaume, avant même l'ouverture de sa succession, transigent entre eux ou avec des tiers sur leurs droits présumés.

« Honnête homme François Arnoul nous a aujourd'huy exhibé trois contractz d'acqueſt ; le premier d'iceulx paſſé par la court de Laval par M. Brochard le XXIII de may mil cinq cens trente & neuf, contenant que G. le Doyen luy vendit la ſomme de VI liv. tourn. de rente que ledit Arnoul eſtoit tenu faire paier & continuer chacun an audit le Doyen, à cauſe & par raiſon de troys quartz par indivys d'une maiſon, jardrins, ſituez en la rue de Paradis, ou ledit Doyen eſtoit demeurant & leſquels troys quarts ledit Doyen avoit auparavant baillez à icelle rente audit Arnoul. Icelle vendition faicte pour les pris & ſomme de six vingts livres tourn. o grâce donnée de... remérer ladite rente dedans deux ans prochains venants. Et fut depenſé en vin de marché XXX solz tourn. »

« Au dos duquel contract y a quictance de vente signée du fermier & receveur de céans en dabte du vingt huit janvier audit an (1540 v. s.) par laquelle apert que ledit receveur confesse avoir reçu les ventes du contract. »

« Le second passé par ladite court de Laval par ledit Brochard le XXVIII juillet mil cinq cens trente neuf, qui contient que Jehan le Doyen vendit audit Arnoul tout & tel droict, action & part & portion d'héritage qu'il pourroit compéter & appartenir tant à iceluy le Doyen que comme ayant le droict & action de Barbes & Michel les Cosnards es maisons & jardrins susdits pour cent liv. tourn. »

Le tiers... location de la maison et du jardin dits le Doyenné par les chanoines de St Michel au même F. Arnoul, janvier 1540 (v. s.).

« Jehan Cosnard de Dourdan en Bretaigne soy faisant fort de Michel Cosnard son fils yssu du mariage de luy & de Perrine le Doyen sa première femme & Barbes Cosnard, firent vendition & transport à Jehan le Doyen frère de ladite Perrine, de tel droict part & portion d'héritaige que audit vendeur pouroit compéter & appartenir ès maisons & jardrins qui furent Guillaume le Doyen pour la somme de quarante livres tourn.

Au dos duquel contract y a quictance de vente signée du receveur de céans dabtée du XXVIII janvier M.V[c].XXXIX (v. s.). »

« Autre contract passé par la court du roy de Bourg-

Nouvel par Jehan le Doyen datté du II[e] jour de janvier M.V[c].XXXIX (v. s.), contenant que Guillaume le Doyen & Jehanne ſa femme firent vendition & tranſport aux chanoynes & chappitre de l'égliſe collégiale de Monſieur S[t] Michel du Cymetière-Dieu, le droict & action de chemyn que ledit le Doyen & ſa femme avoient de paſſer & rapaſſer par ſur une pièce de jardrin & au long du millieu d'icelle que leſdits chanoynes avoient auparavant acquis de Michel Largerie & ſa femme, appelée le Doyenné, avec la moitié d'un jardrin dudit Doyenné pour la ſomme de XVIII liv. tourn. »

DATE DE SA MORT

Les auteurs qui ont écrit sur Guillaume le Doyen le font mourir en 1537. Les actes authentiques qui précèdent prouvent qu'il faut reporter à plusieurs années plus tard la date de sa mort. Il exerçait encore comme notaire en 1538. Deux contrats passés par lui sont datés du mois de juin de cette même année.

On le voit faire en son nom et au nom de sa femme des transactions diverses en l'année 1539. Enfin le dernier acte passé par lui porte la date de janvier 1539, (vieux style), ce qui équivaut pour nous à janvier 1540.

C'est en cette année que mourut G. le Doyen. Le contrat rapporté plus haut et passé entre les chanoines de Saint-Michel et F. Arnoul est du 4 janvier 1540 (v. s.) ou 1541, suivant notre manière de compter.

Or, il y est dit que les maisons et jardins, objet du contrat, sont concédés tels que les chanoines les tenaient de feu G. le Doyen.

Si le registre des baptêmes, mariages et sépultures de la nouvelle paroisse de Saint-Vénérand, en tête duquel G. le Doyen avait, de sa main, à la prière du clergé et de ses concitoyens, écrit un résumé des chroniques recueillies par lui, était venu jusqu'à nous nous y trouverions sans doute la date précise et l'acte de son décès. Mais ce volume, commencé en 1522, et les autres plus récents qui seraient aujourd'hui si précieux à consulter, furent livrés aux flammes en janvier 1794, avec les archives des tribunaux du comté : précaution moins aveugle qu'on ne le pense de la part de gens qui ne tenaient pas à ce qu'on retrouvât leur état civil et leur casier judiciaire.

(Signature autographiée de Guillaume le Doyen).

APPENDICE

Fonctions de G. le Doyen à la Maison-Dieu.

CETTE notice était rédigée quand la note suivante, trouvée au dos d'un acte concernant l'Hôtel-Dieu, est venue lever le doute exprimé sur la nature des fonctions exercées par Guill. le Doyen pendant ses seize mois de *prison à Saint-Julien.*

« Je, G. le Doyen, *receveur* de la Maiſon-Dieu & Aulmoſnerie de St Julian de Laval, confeſſe avoir receu de Melaine Touzerie... tel droit de blé, tant ſeigle que froment que par argent, qu'il peut devoir à ladite Aulmoſnerie, ſelon les anciens termes (?) de ſa préſente déclaration des termes d'Angevine & de Touſſaint, dernier paſſés. Deſquels rentes & devoirs je le tiens quitte... Fait ſoubz mon ſeing, le XVIe jour de febvrier mil cinq cens trente... G. Doyen. »

Ainsi G. le Doyen était simplement receveur de

l'Aulmoînerie Saint-Julien. Il faut donc croire qu'il y avait dans sa plainte une exagération qu'on appellerait poétique, si la poésie avait quelque chose à voir dans ses rimes.

Le Manuscrit de la Bibliothèque Nationale.

Bien que cette étude sur Guillaume le Doyen soit uniquement biographique, la note suivante sur le manuscrit de sa chronique, qui figure à la Bibliothèque nationale sous le n° 11512 des Mss. Franc., n'y sera pas un hors-d'œuvre. M. de Villiers, le seul peut-être des auteurs de Laval qui ait étudié ce texte, incline à y voir un autographe de l'auteur. Voici la décision contraire d'un juge compétent qui ne permet guère de garder cette opinion.

M. Marius Sépet, employé au département des manuscrits à la Bibliothèque nationale, a bien voulu confronter le manuscrit en question avec un autographe certainement authentique de G. le Doyen, et répondre en ces termes aux deux questions suivantes :

1° La rédaction du manuscrit semble-t-elle faite année par année, ou comme une copie continue ?

« C'est une copie continue, dont le brouillon avait « été écrit au fur et à mesure, c'est-à-dire que le copiste « a eu sous les yeux l'autographe de l'auteur, comme le « prouvent les notes marginales, qui rapportent des « faits contemporains de la rédaction, mais certainement « antérieurs à la copie. »

2° Le manuscrit semble-t-il de la même main que la pièce ci-annexée ?

« Non. »

Les amis de G. le Doyen.

On a pu remarquer au cours de cette notice, comme trait significatif de l'intimité qui existait entre G. le Doyen et quelques-uns des officiers du Manoir-Ouvrouin le droit d'*huyſſerie* qui lui avait été concédé par J. de Launay et maintenu par André Hubert, son successeur. Voici sur eux et sur deux autres contemporains de G. le Doyen quelques détails d'un certain intérêt.

Jehan de Launay, qui entretint avec notre auteur une amitié de vingt ans, avait épousé la veuve du précédent receveur du manoir auquel il succéda, Guillaume Hubert. Les comptes de ce dernier furent trouvés, paraît-il, assez sérieusement défectueux, sa veuve Marie ainsi que ses trois enfants, Pierre, Guillaume et André, durent faire un compromis avec J. Auvé et Jacqueline de la Jaille son épouse pour n'être pas inquiétés à cet égard.

J. de Launay se serait plutôt exposé à d'autres inconvénients par trop de zèle, ou du moins par un zèle trop peu modéré dans la forme pour les intérêts de son seigneur, comme le prouve le fait suivant.

« Maiſtre J. de Launay, eſt-il dit à la date de 1506, pour avoir publicquement injurié en jugement Julien Dupérier, procureur de cyens, & lui avoir dit *ſes fiebvres cartaines* : tu as menty, & luy remonſtrant qu'il faiſoit mal en empeſchant que une maiſon ſiſe en la ſeigneurie de cyens, que l'on ne ſait à qui elle appartienne, ne fuſt louée en jugement, & baillée au plus offrant au prouffit de Monſeigneur & à la conſervation de ſes deniers. »

En marge, une autre main a écrit : « A taxer au bon plaiſir de Monſeigneur. »

A la mort de J. de Launay les fonctions de receveur du Manoir ne quittèrent pas cette famille, elles échurent à André Hubert qui fut, lui aussi, l'ami complaisant et dévoué de G. le Doyen, et lui conserva les droits déjà concédés en les augmentant encore. L'aveu de 1518 (p. 38) en fait foi.

En même temps que la veuve de G. Hubert épousait J. de Launay, sa fille, Guillemine, devenait la femme de François de Launay, qui ne doit pas avoir été sans lien de parenté avec son homonyme. G. le Doyen ne se vante pas d'avoir été l'intime ami de ce dernier, mais il aime à exprimer la reconnaissance de tous ses compatriotes à ce François de Launay et à Jehan Boullain qui à des époques calamiteuses allaient chercher *de mont, de val*, les blés qui manquaient, et les livraient à leurs concitoyens à des prix relativement modérés.

Ces deux « bons supports du peuple Lavalliste » étaient des marchands aussi honnêtes qu'industrieux qui surent faire fortune en acquérant des droits à la reconnaissance publique. Ils la méritèrent encore à un autre titre. Leurs noms sont unis dans les vers de G. le Doyen, et les deux belles verrières, monuments de leur générosité, se font encore aujourd'hui pendant dans l'Église de Saint-Vénérand que l'on construisait à cette époque. A l'envi l'un de l'autre, où plutôt mus par le même sentiment de foi, Jehan Boullain et François de Launay les donnèrent pour orner la nouvelle Église paroissiale. Le Doyen se garde bien d'oublier ce trait de libéralité pieuse, aussi méritoire aux yeux de ces chrétiens fervents que le soulagement de la misère publique.

Jehan Boullain eut l'initiative en 1521.

Tout incontinent Jehan Boullain,
Bon marchant, voyant le besoign
De l'édifice, s'exposa,
Et en luy soudain composa
Faire construire la grant vitre,
Qui fust pour luy très bel épistre,
Donnant clarté sur Nostre-Dame.
Dieu le garde de corps & d'ame.
Il la fist construire à Rouen;
Dieu luy doint paradis : amen.

La verrière dont il est ici question est celle de la chapelle située au levant. Elle représente le crucifiement comme sujet principal et diverses scènes de la passion groupées tout à l'entour. Ce sujet est trop semblable à celui du vitrail de Notre-Dame de Sablé, si richement décrit dans la *Revue historique & archéologique du Maine,* par le noble et regretté duc de Chaulnes, l'exécution de part et d'autre est trop identique pour que les deux verrières ne sortent pas des mêmes ateliers. En disant que celui de J. Boullain fut construit à Rouen, G. le Doyen répond donc à la question que se posait le savant auteur au sujet de la provenance du vitrail de Sablé.

A la partie inférieure du vitrail de Saint-Vénérand, l'artiste a laissé entre les groupes de personnages deux espaces libres.

Dans celui de gauche, on voit le portrait du donateur, à genoux, présenté par saint Jean-Baptiste, son patron, qui porte un agneau et un petit étendard. Jehan Boullain est représenté tenant à la main une banderole sur laquelle est écrit en caractères gothiques : *O Deus meus, non confundas me in eternum.* A droite, et toujours au bas du vitrail est l'effigie de la donatrice, Guillemine Touschard, femme de Jehan Boullain. Elle est à genoux tenant en main un chapelet dont les grains sont alternativement *or & rouge*, et une banderole avec cette inscription : *O mater dolorosissima, ora pro me Filium.* Le patron qui l'accompagne porte comme attributs un livre fermé et un casque sur le livre : sans doute saint Guillaume de Maleval, patron des armuriers, qu'on représente ordinairement avec des insignes militaires. Sur ce vitrail se voient deux chiffres : l'un formé des lettres J et G entrelacées, initiales de Jehan et de Guillemine, si l'on veut ; l'autre dessiné sur un écusson que portent deux anges ou génies doit être une marque de verrier, il se compose d'une croix à longue tige sur laquelle s'enlace une sorte de B d'une forme particulière.

Guillemine Touschard, veuve de J. Boullain, fondait en 1555, en l'église Saint-Vénérand, à l'autel Saint Nicolas une chapellenie de trois messes par semaine : l'une au lundi, des trépassés ; l'autre au mardi, selon le jour ; l'autre au vendredi, des cinq plaies. Elle assignait pour le service de cette fondation le revenu de deux terres, la Chevraye et la Pierre en Meslay. Le présentateur devait être le plus proche héritier de la fondatrice, et il était tenu de préférer à tout autre un ecclésiastique de la famille.

F. de Launay suivit l'exemple de son confrère, mais n'ayant pas eu le temps de réaliser son pieux dessein, il en laissa l'exécution à ses enfants. Ses dernières volontés furent religieusement accomplies dès l'année 1525.

Semblablement en cestuy an,
Enfans, que Dieu mecte en bon an,
De defunct Françoiys de Launay,
Qui tant estoit loyal & vray
Firent asseoir celle grant vitre
A leurs dépens & pour leurs tiltres
Ainsi l'avoit prédestiné
Ledict defunct & ordonné.

Cette verrière, de même facture apparemment que celle qui lui fait face, est divisée en panneaux, et les sujets sont empruntés à l'Ancien-Testament, presque tous à la vie de Moïse. Mais les quatre tableaux inférieurs sont réservés pour les donateurs.

Le premier à droite est occupé par une femme agenouillée sur un prie-Dieu, un livre ouvert devant elle et un anneau d'or à l'index de la main gauche. Elle semble âgée, son patron porte une chape très richement brodée. Ce doit être un saint Guillaume, si, comme tout l'indique, la personne qu'il présente est la veuve du donateur, cette Guillemine Hubert, fille de Guillaume Hubert, dont il a été question déjà. Sur un cartouche on lit le nom de « Guy » en gothique, et ailleurs, en chiffres romains très fins, la date de 1525. On voit même, dans un endroit peu apparent, une tête grossièrement esquissée, celle du verrier peut-être.

Le tableau voisin offre deux personnages qui semblent de même âge. Ils sont vêtus d'une manière absolument identique, et tous deux ont la même attitude, à genoux devant un escabeau, un riche manuscrit à la main. Leur costume orné de fourrures est curieux et serait à étudier comme type des vêtements à cette époque. Pour la coiffure, les cheveux sont plats et d'une rigidité remarquable. La mise de J. Boullain est exactement la même. Saint Jean-Baptiste et saint François accompagnent ces deux fils du donateur, car ce sont eux certainement qu'on a sous les yeux.

Les deux panneaux suivants sont occupés, l'un par par sainte Barbe, l'autre par Judith. Ce sont sans doute les patronnes des épouses de Jehan ou de François de Launay ou de leurs sœurs.

Même dans leur état de dégradation, ces vitraux sont remarquables. Il est difficile de comprendre ce qui a pu faire illusion à un homme du métier, au point de les lui faire regarder comme des productions du XVIIe siècle.

Un dernier mot sur un autre personnage dont parle avec éloge le Doyen, messire André le Gay, chanoine de Saint-Michel, qui fut *motif* de la construction du chœur de l'Église Collégiale, et qui *fut cause de tous les édifices* de la rue du Manoir jusqu'au Cimetière-Dieu. A chaque instant on retrouve son nom pour ventes, locations ou échanges de maison. Jehan le Gay, doyen de Laval et curé de Ruillé-le-Gravelais, hérita de cette fortune. Elle était considérable, car ses héritiers, qui n'étaient pas moins de trente, vendirent chacun leur part à l'un d'eux pour une somme importante. Il est étonnant qu'aucune maison, ni aucun lieu de ce quartier n'ait gardé le nom de ce chanoine bâtisseur.

Jehan le Deen.

Il y avait au milieu du xve siècle, « dans le faubourg du Pont de Maienne », un maréchal qui portait ce nom. Ne serait-ce point un des ascendants de Guillaume le Doyen, son père ou son aïeul ? Le nom est le même, quoique l'orthographe diffère.

CONCLUSION

Ces pages sur notre vieux chroniqueur Lavallois répondront-elles à l'attente de ceux qui auront bien voulu les parcourir ? Incomplètement sans doute; car les amateurs dans ce genre sont difficiles, et plus friands de ce qui reste à désirer que de ce qui leur est offert.

On reconnaîtra au moins que les documents cités ont le mérite de l'inédit, et qu'on n'en possède pas d'autres sur le personnage qu'ils nous font connaître ;

Que nombre de faits concernant le Doyen y sont révélés pour la première fois ;

Que son origine, sa famille, sa position sociale, sa situation de fortune, ses diverses fonctions y gagnent d'être mieux connues ; que plusieurs dates y sont mieux fixées.

On y est témoin même incidemment des changements dont à cette époque le *Faubourg du Pont-de-Mainne* est le théâtre : les maisons qui se bâtissent en grand nombre, les rues qui s'alignent, la population qui s'accroît jusqu'à nécessiter en ce nouveau centre la construction d'une église paroissiale.

Ces détails seraient certainement appréciés, s'ils concernaient Jehan Molinet, Jehan Lemaire, son disciple, ou tels autres encore, qui rimaient en même temps que notre Guillaume, et qui ne le faisaient pas avec plus d'élégance.

Comme compatriote, le Doyen mérite l'intérêt que nous accorderions volontiers à des auteurs étrangers, plus favorisés de la renommée, et qui doivent cette préférence plutôt aux circonstances qu'à une supériorité contestable.

Si l'œuvre trop négligée de G. le Doyen recevait un léger regain de popularité grâce à cet essai de biographie, ce serait le résultat le plus flatteur pour le nouvel opuscule.

Et si, à la faveur du nom de ce bon notaire chroniqueur, le présent livret obtenait une modeste place, à titre d'annexe, à côté du volume des *Annales & chronicques*, dont il a pris le format, ce serait tout l'honneur qu'il ambitionne.

Imp. A. Derenne, Mayenne. — Paris, boulevard Saint-Michel, 52.

www.ingramcontent.com/pod-product-compliance
Ingram Content Group UK Ltd.
Pitfield, Milton Keynes, MK11 3LW, UK
UKHW012104240726
13965UKWH00004B/1532

9 782013 045605